Desencanto: Poemas de Rowan Knight

Rowan Knight

Published by 22 Lions Publishing, 2019.

Sumário

Direitos Autorais 1
Sobre a Editora 3
Introdução 5
Poema 1 - A Morte duma Rosa. 7
Poema 2 - Apenas Existindo. 11
Poema 3 - O Que Termina. 13
Poema 4 - A Dicotomia do Monge. 15
Poema 5 - O Monge e os Aldeões. 17
Poema 6 - O Presente Invisível. 21
Poema 7 - Vinte-e-duas Flores. 23
Poema 8 - Uma Rosa Verde. 27
Poema 9 - O Guerreiro de Deus. 29
Poema 10 - Segredos do Oculto. 31
Poema 11 - A Intenção dum Desejar. 33
Poema 12 - O Propósito da Insanidade. 35
Poema 13 - Além da Traição. 37
Poema 14 - Quando a Beleza Se Desvanece. 39
Poema 15 - O Caminho da Rosa. 41
Poema 16 - A Surpresa de Te Perder. 43
Poema 17 - Saber Sem Poder. 45
Poema 18 - Me Desculpa! 47
Poema 19 - Pudesses Tu Contemplar. 49
Poema 20 - Maldição. 51
Poema 21 - Prisioneira Da Insanidade. 53
Poema 22 - Emaranhado. 55
Poema 23 - Ascensão. 57
Poema 24 - Mundo de Pecadores. 59
Poema 25 - Ser Quem Não Sou. 61
Poema 26 - O Desejo Que Se Deseja. 63
Poema 27 - Como Amar Alguém. 65
Poema 28 - Amoroso. 67
Poema 29 - O Caminho dos Perdidos. 69
Poema 30 - Demónio Sedutor. 71

Poema 31 - O Medo dos Que Amedrontam...73
Poema 32 - Percorrendo o Esquecimento...75
Poema 33 - A Máscara. 77
Poema 34 - Mundo Inacabado. 79
Poema 35 - Desejo. 81
Poema 36 - O Sentido da Vida..83
Poema 37 - As Cores do Amor..85
Poema 38 - Gostaria...87
Poema 39 - Tão Longe e Tão Perto. 89
Poema 40 - Se Me Amasses..91
Poema 41 - Não Acredito Em Ti! 93
Poema 42 - Tua Espada..95
Poema 43 - Enfeitiçado...97
Poema 44 - Rainha dos Obscuros...99
Poema 45 - Aflição..101
Poema 46 - Quem Me Pode Libertar...103
Poema 47 - Assassina..105
Poema 48 - Cumplicidade...107
Poema 49 - Promessas Vazias..109
Poema 50 - A Vitória dos Vencidos. 111
Poema 51 - Sem Rumo. 113
Poema 52 - Onde Me Encontrei...115
Poema 53 - Musa..117
Poema 54 - Sem Poder Ser. 119
Poema 55 - Cruz de Luz. 121
Poema 56 - Reverberações. 123
Poema 57 - Mundo Oculto...125
Poema 58 - O Amor que Temo. 127
Poema 59 - Traidoras. 129
Poema 60 - O Destino dos Malditos. 131
Poema 61 - Odeio Esta Existência..133
Poema 62 - Porque Não Posso Te Amar..135
Poema 63 - Creio em Sua Bondade..137
Poema 64 - Por Favor, Seja Livre!...139
Poema 65 - Atire uma Flecha!...141

Poema 66 - Hoje. 143
Poema 67 - Nosso Império. 145
Poema 68 - Venha Ver. 147
Poema 69 - Omnia In Divina. 149
Poema 70 - A Vida Tem Sofrimento. 151
Poema 71 - O Que a Mentira Não Pode Conseguir. 153
Poema 72 - Magia. 155
Poema 73 - Nenhum Futuro Prende a Mente. 157
Poema 74 - Santos e Pecadores. 159
Poema 75 - Paz Desumana. 161
Poema 76 - O Nada que Representas. 163
Poema 77 - Porquê Amar? 165
Poema 78 - Mil Sensações. 167
Poema 79 - Intriga. 169
Poema 80 - Orgulho. 171
Poema 81 - Lúcifer. 173
Poema 82 - Estupidez. 175
Poema 83 - Me Ver em Você. 177
Poema 84 - Dispensáveis. 179
Poema 85 - Condenados. 181
Poema 86 - Amor Ilusório. 183
Poema 87 - Quem Me Pediu. 185
Poema 88 - Imbatível. 187
Poem 89 - Invencível. 189
Poema 90 - Amor Louco. 191
Poema 91 - Entre Demónios. 193
Poema 92 - A Essência de Quem Sou. 195
Poema 93 - O Outro Lado. 197
Poema 94 - Reflexos. 199
Poema 95 - Perdi. 201
Poema 96 - Mudar. 203
Poema 97 - Apenas Posso Criar. 205
Poema 98 - Amor Egoísta. 207
Poema 99 - O Risco de Amar. 209
Poema 100 - Almas Perdidas. 211

Poema 101 - Amor Temido. 213
Poema 102 - Quem Não Me Sente. 215
Poema 103 - O Que Você Assume. 217
Pedido de Revisão. 219
Lista de Livros. 221

Direitos Autorais

Desencanto: Poemas de Rowan Knight
Escrito por Rowan Knight
Copyright © Rowan Knight, 2019 (1ª Ed.) Todos os Direitos Reservados.
Publicado por 22 Lions Bookstore & Publishing House

Sobre a Editora

Sobre a 22 Lions Bookstore:
www.22Lions.com
Facebook.com/22Lions
Twitter.com/22lionsbookshop
Instagram.com/22lionsbookshop
Pinterest.com/22lionsbookshop

Introdução

Este livro apresenta uma coleção de poemas inspirados na alquimia, amor e filosofias antigas, retratando uma atitude crítica em relação aos valores sociais comuns e seu verdadeiro significado em ciclos duma existência repleta de vicissitudes.

Ao fazê-lo, o autor procura explicar onde o caos e o equilíbrio, mas também a ordem, se encontram. Pois, de acordo com este, é na combinação de observações e emoções que um atributo divino é adquirido pelo buscador de tais qualidades.

Dessa perspectiva em diante, mais é acrescentado, pois existe um paradoxo sendo continuamente desvelado entre o positivo e o negativo em cada um de nós, com suas relações entre felicidade e desespero, mas também verdade e ilusão, ou desencanto e fantasia.

Através desta abordagem, um despertar de emoções apontando para os diferentes estágios da consciência é proposto, e isto enquanto a leitora é despida de sua culpa e preconceitos, mas acima de tudo, sua inocência.

Poema 1 - A Morte duma Rosa.

Encontrei uma rosa
    de vermelho forte,
e um dia
longe do que esperava,
a rosa ficou escura como a noite.
Após uma cuidada contemplação
predizendo a morte de minha querida rosa,
deixei cair uma lágrima na escuridão,
mas a rosa permaneceu inabalável
e perante minha observação
inalterável.
No entanto, me senti assustado,
e também confuso,
porque não consegui entender
porque esta minha rosa tinha sucumbido
a tal ingrato descender.
Nesta escuridão opressiva
me senti sozinho e privado,
pois estava permeada
por um vazio que não suportava,
e que só poderia ser preenchido
sempre que mais lágrimas caíam
pelo que agora terminava,
enquanto em mim algo mais despertava,
pois meu coração batia mais rápido
percebendo o que era inevitável.

ROWAN KNIGHT

Estava sendo espiritualmente pressionado
em direção ao caos de minha alma
cheia de turbulências emocionais.
E agora minhas lágrimas
eram como cachoeiras
enquanto meu interior era revelado,
exteriorizado,
pelo que havia sido suprimido.
E na frente da rosa gritei
devido ao calor emocional com que lutei,
e fui mais fundo em minha dor,
a qual em vão enfrentei.
Finalmente, morri uma morte espiritual
e a entrada nesse destino aceitei,
me rendendo
a tal estado terminal.
E foi aí quando minha rosa morreu
e as pétalas caíram no chão,
enquanto suas raízes começaram a apodrecer,
pois seu propósito fora cumprido
para nunca ser esquecido.
A vida desta rosa em mim se perpetuou,
e ao fazer isso para sempre viveu,
pois nunca realmente desapareceu.
E então entendi
porque esta rosa nunca teve medo,
já que foi através de mim que refletiu
aquilo que dentro de mim havia sido criado
— Ilusões me deixando iludido,
e nessa mentira me mantendo enfeitiçado
enquanto da verdade desvinculado
e do meu verdadeiro eu ignorado.
E assim, a morte pacífica de minha rosa
tornou todo o meu interior revelado,
porque dentro desta morte despertei

DESENCANTO: POEMAS DE ROWAN KNIGHT

para o amor a uma vida que sacrifiquei.
Uma lição importante
que deveria ter recordado,
pois este amor que finalizei
era o mesmo amor por uma vida imaginada;
ambas condições em mim fundadas
e apenas de mim criadas.

Poema 2 - Apenas Existindo.

Alguém estava apenas existindo
e no meu amor por essa pessoa
confiei no sentimento,
assim negligenciando
a necessidade de o manter,
ignorando
a necessidade de me oferecer,
assumindo
que o amor não estava no precisar,
ou no pensar,
ou no fazer,
e muito menos
em qualquer receber.
E assim acreditando,
nem mesmo me manifestei,
porque na ideia do sentimento ser tudo confiei.
Mas essa pessoa realmente me amou,
e levou esse amor consigo embora,
pois não consegui mudar
meu estado de ser,
apesar de antes
não o reconhecer.
E agora entendo
que alguém me amou
enquanto nada vendo,
nem mesmo no final,

ROWAN KNIGHT

que acabou com um futuro
que não consegui prever,
enquanto imerso noutro entender,
apesar das emoções
em mim estimuladas
e tudo mais
que posso agora entender.
Aquele que estava apenas existindo
era eu mesmo
me projetando noutro ser.

Poema 3 - O Que Termina.

O que termina
     desperta seu espírito
e obriga a revelar seu coração,
enquanto força a deixar um labirinto.
Tal dualidade experimentada,
os olhos engana,
perante o que nunca existiu,
ou se transformou,
mas foi meramente refletido,
e para um objetivo alterado.
E ao fazer isso,
você foi transformado
das trevas para a luz,
enquanto ardia por dentro
para revelar
o que tentou esconder
ao procurar evitar
tal luta interior.
Pois tal é o ciclo
por trás de qualquer milagre
representado em qualquer oráculo:
Do nada ao nada caminhamos,
criando um mundo de significados,
nenhum dos quais nossos.
E isso para que outros mais
possam também participar,

ROWAN KNIGHT

neste teatro de egos,
enganados,
através dos muitos acordos,
forçando todos a cooperar.

Poema 4 - A Dicotomia do Monge.

Acordei como um monge num mosteiro
    e pela primeira vez entendi
o significado
de ser espiritualmente guiado.
E realmente acreditei
que era algo para no exterior
ser encontrado.
Portanto, saí do mosteiro
para depois entender
que era por dentro
que podia melhor me compreender.
Estava chocado
e não entendia o propósito de Deus.
E para entender sua causa,
decidi me tornar como um deus,
sendo mais do que era.
Me recusei a viver debaixo do sol
e comecei a viver à noite
como qualquer coruja.
Mas se debaixo do sol não tinha silêncio,
à noite, certamente não tinha audiência.
E esse foi o instante em que percebi,
que se debaixo do sol
e fora do mosteiro
poderia compartilhar o que aprendi,
apenas com o luar

ROWAN KNIGHT

e dentro do mosteiro
poderia entender
o que de Deus recebi.
Então meditei sobre o conceito de espiritualidade
e sobre a necessidade de conectar esta dualidade.
E em tal contemplação me encontrei
perante o contato que desejei,
ao mesmo tempo que as pessoas
vinham tocar em nossas portas.

Poema 5 - O Monge e os Aldeões.

Inspirado por Deus,
um monge foi até uma aldeia
procurando compartilhar Sua glória,
e lá ofereceu algumas rosas.
Mas foi recusado
com raiva e palavras insultuosas,
pois os aldeões queriam animais
antes de aceitar quaisquer palavras.
Então, no segundo dia voltou
com uma cesta cheia de frutas.
Mas continuaram recusando,
pedindo carne de animais.
No terceiro dia apareceu
com uma cesta de legumes,
e continuaram recusando
e pedindo carnes.
No quarto dia sacrificou um animal,
pediu perdão a Deus,
e ofereceu a carne aos aldeões,
que não ficaram impressionados
com tamanha afabilidade.
Eles agora pediam a mais pura das águas,
e no quinto dia pegou a mais pura que pôde encontrar,
e ofereceu enquanto pedia que compartilhassem.
Mas beberam de tudo
e agora pediam vinho.

ROWAN KNIGHT

Ele não tinha vinho
e roubou do mosteiro,
e por isso foi expulso
sem permissão para voltar;
não até que recuperasse um senso de moral
e respeito pelo que seus irmãos possuem.
Os aldeões finalmente ficaram felizes
e o aceitaram como um deles.
E ele também ficou feliz
e se permitiu ser aceito
como sempre quis.
Quando chegou a hora de falar sobre Deus,
percebeu que não mais estava abençoado,
pois sua mente agora desejava mulheres,
seu coração ansiava por selvajaria
e sua mente gritava por vinho.
Ele sorriu
e aproveitou esses prazeres,
até que sentiu
necessidade da espiritualidade,
e desse vazio obteve,
pelo contrário,
uma loucura demoníaca.
Perante o desespero,
e num gesto de impulsividade,
pegou entre as espadas,
a mais afiada,
e desfrutou do assassinato,
matando primeiro o mais sensato,
e depois continuando
com tal espetáculo.
A meio dum massacre horrível
e sangrento,
dentro dele uma chama foi acesa.
E quando estava coberto do vermelho

DESENCANTO: POEMAS DE ROWAN KNIGHT

dos que matou barbaramente,
na noite que tinha silenciado,
depois dum caos criado
e tão fantasticamente,
encontrou o significado
do que até então não tinha encontrado.
E logo sorriu de novo
e freneticamente,
como um animal possuindo a noite,
pois naquela escuridão
encontrou finalmente
a iluminação.

Poema 6 - O Presente Invisível.

Estava caminhando
    quando me deparei com um presente:
uma coleção de flores,
tão bonitas e diferentes
estranhas e originais;
dignas em sua combinação
e de cores únicas.
Logo as peguei em minha mão,
ansioso por oferecê-las
e assim fazer mais amigos
sempre que voltava a casa.
Uma garotinha sempre estava me esperando,
como se soubesse que estava chegando.
E ela sempre estava regozijando
por um presente
que só podia estar cheirando.
Ela era cega
mas de belos olhos escuros
e com uma alma que estava sussurrando
por compaixão que não poderia recusar.
A ela ofereci minha primeira flor,
e o mesmo continuei fazendo,
dia após dia,
pois ela estava sempre sorrindo
e sempre que sabia que estava voltando.
Esta criancinha de cabelos dourados,

ROWAN KNIGHT

mãos macias e pele brilhante,
permaneceu uma alegria para meus olhos;
e tanto que as flores não significavam mais nada
quando comparadas ao sorriso
que estava ganhando.
Para ela, todas essas flores
e muito mais era merecido,
pois tinha um sorriso
capaz de me fazer esquecer
tudo o que neste mundo
me faz enraivecer.

Poema 7 - Vinte-e-duas Flores.

Tinha vinte e duas flores
 em cima de minha cama
e todas eram belas.
Estas flores me deliciavam
numa variedade de formas,
pois seu perfume me preenchia
com sensações distintas
e sua forma me seduzia
até pensamentos inspiradores
que me mantinham motivado
durante meus dias.
E embora tal relacionamento não tenha sido verbal,
a confiança que tinha nelas foi um engano,
como se tivessem em segredo mantido um plano
que se revelaria no momento ideal.
Acabei por nessas flores me cortar,
e enquanto sofria,
surpreendido,
me dei conta dum trauma mais profundo
que toda esta experiência me fez questionar.
Então, coloquei as flores num vaso,
de longe as observei,
e com suas semelhanças me deparei.
As semelhanças tinham significados
tornando-me obcecado no modo como as amei.
E revelavam poesia escondida em minha alma.

ROWAN KNIGHT

No silêncio que então experimentei,
palavras surgiram,
como se as flores estivessem sussurrando,
dizendo que nunca me pertenceram
e que apenas pretendiam me mostrar
como através da agonia
devia aprender a brilhar.
Elas também me disseram
para sempre lembrar,
que quando o sofrimento vai mais fundo
as boas lembranças se tornam mais doces
e só podem ser substituídas por uma flor melhor,
mais amorosa
que as que me fizeram sonhar,
através de ilusões que me fizeram atuar
como nada mais
que uma sombra de mim mesmo.
E assim,
dizendo adeus às flores naquele momento,
estava também dizendo olá para quem sou
e o futuro que desejava atrair.
Porque me deram cicatrizes,
mas das garras da fantasia
me permitiram sair.
Vi então,
e enquanto ainda sangrando,
o que deveria estar procurando.
Num tributo à memória destas flores,
me limpei com a agonia delas,
enquanto assistia ao fogo em que ardiam,
desvelando dentro de mim um desejo mais profundo,
no sentido de amar a estética me impulsionando,
em uma imortalidade espiritual
através do que é agradável,
quando o amor é sentido

DESENCANTO: POEMAS DE ROWAN KNIGHT

como um presente interminável.
De fato, as flores me deram cicatrizes
depois de me abraçarem com feitiços,
mas também fizeram isso
devido a desejos ilusórios
que agora estavam sendo abandonados
com estas flores que as chamas consumiam.

Poema 8 - Uma Rosa Verde.

No meu momento mais solitário
　　me encontrei atormentado
depois de perder
a última coisa que possuía
— uma flor de meu quintal.
Agora imerso neste sofrimento,
abracei uma tempestade
que me enlouquecia
e saí de casa perdido,
absorto
numa confusão,
caminhando
na cidade frustrado,
e sem saber que lição,
ou punição,
o destino queria que recebesse.
E foi então que no meio dum vazio
encontrei a plenitude
na forma de rosas brancas;
como se estivessem por mim esperando.
E as levei durante a noite
quando tal crime não podia ser observado.
Anos se passaram
e como quando encontradas
as rosas ainda estavam,
exceto uma,

ROWAN KNIGHT

que ficou verde,
criando uma situação
impossível de compreender.
Levei esta estranha rosa para oferecer
a qualquer pessoa próxima
que a quisesse receber,
e uma linda donzela pude ver
que me disse que esta rosa era dela
e com ela deveria permanecer.
Pegou esta minha rosa,
e ganhou meu coração,
e depois se tornou outra em minha vida,
até que uma noite,
depois de se embebedar,
permitiu que seu coração fosse levado.
E foi nesse momento de amor desgraçado
que minhas rosas brancas morreram,
me obrigando a este ciclo aceitar.

Poema 9 - O Guerreiro de Deus.

Para uma nova batalha me preparo
    sabendo que meus queridos amigos
tal caminho não vão compartilhar.
E para novamente lutar
sei que devo me tornar
em alguém que ninguém apoiou,
nem mesmo com oração
ou com gentileza,
ou até um pedaço de pão.
Deixo todos para trás
enquanto celebram seu egoísmo,
apaixonados por uma vida de fatalismo.
Marcho com as armas de minha alma
enquanto os observo no horizonte
de meu coração,
espírito e mente,
pois vou lutar contra este mundo
para reivindicar por oportunidades
que nunca serão deles —
uma fortuna destinada a guerreiros.
Faço isto por amor à liberdade
e para conquistar um reino de verdade
onde se escondem tesouros
obtidos com fé e dignidade.

Poema 10 - Segredos do Oculto.

Existe algo que deve ser conhecido no interior,
    pois permanece desconhecido para o exterior,
algo que não podemos reconhecer
mas devemos com persistência tentar ver.
Pois existe algo de incomparável
no vazio do que é observado,
sempre seduzindo para o invisível.
Existe algo de muito profundo
numa dor descoberta
que em nós o medo desperta,
mas também conduz
a algo superior.
Existe algo esquecido
em nossos sons,
bem como na vibração do amor,
algo que o mundo não consegue lembrar,
mas que na paixão do momento
devemos aceitar.
Há algo de puro
em lágrimas humanas,
que expressam a base da humanidade
e uma profunda necessidade,
desvelando uma completa honestidade
imersa na nossa espiritualidade.
Existe algo de profundo
num coração partido

ROWAN KNIGHT

pois expressa a frustração
de se querer uma conexão
ainda não encontrada
através duma sensação
que promove a devoção.
Há algo nobre na solidão,
pois permite prender
os demônios do pecado
e vê-los insanos sem auto-perdão
— uma luz acesa com a chama de Deus.
Existe algo de grande importância no abandono,
pois permite recordar os atributos da auto-realização.

Poema 11 - A Intenção dum Desejar.

É a meditação sob a intenção dum desejar
    num relaxamento desconfortável
agregado a uma memória interminável,
que permite a oportunidade de obter
aquilo que mais possamos admirar.
E existe algo de importante nesse desesperar,
pois quebra a alma em pedaços
para o espírito poder liberar.
Afinal, sempre existem mais resultados,
ocultos,
por trás de inconvenientes silêncios.

Poema 12 - O Propósito da Insanidade.

Existe algo de muito significativo na insanidade,
    pois permite a alegria que ninguém pode oferecer,
provando que a felicidade não é dependente.
A insanidade apresenta um novo mundo
onde o amor é revelado
até mesmo quando rejeitado.
A insanidade nos força a assimilar
mundos diferentes
que outrora desejámos eliminar.

Poema 13 - Além da Traição.

Além da traição
    ou do ato de ser negado
e até mesmo abusado
existe um portal.
Quando aberto com oração,
desbloqueia forças
dum poder especial.
Através de tal poder
Deus se manifesta,
mostrando
que nunca esquece
e sua justiça purifica,
até mesmo quando a esperança
aparenta ser irreal.

Poema 14 - Quando a Beleza Se Desvanece.

Existe algo de superior na beleza
se revelando quando desvanece,
pois pode ser mantida
e com admiração capturada;
tal como evidencia
a observação empática.
E da mesma forma,
através do caminho dos amantes,
a beleza pode ser imortal,
pois é expressa
em tudo o que é emocional,
e é movida
pelo que o compromisso
em nós desnuda.

Poema 15 - O Caminho da Rosa.

Comprei uma rosa
    que logo depois pereceu.
E por isso, uma segunda obtive,
cuja vida
também rapidamente desapareceu.
Continuei obtendo mais rosas,
todas elas lindas,
mas sucumbiram às mesmas transformações.
E esta situação persistiu
até que decidi observar
minhas emoções,
e me deixar levar
até outras flores,
as quais começaram a ser oferecidas,
sempre que minha casa recebia visitas.
Em respeito a esses gestos tão gentis,
permiti que as rosas permanecessem
sendo como eram
e não mais minhas flores morreram.
Foi então que percebi
que o que o destino de mim fez
não é tão significativo
quanto o que eu mesmo fiz;
pois não posso atrair as flores certas
com um coração pesado por pensamentos,
e somente reconhecendo o coração dos outros,

ROWAN KNIGHT

posso me identificar com minhas expectativas,
as quais satisfazem necessidades,
todas elas mais profundas.

Poema 16 - A Surpresa de Te Perder.

A vida é cheia de surpresa
    e de momentos
que sem surpresa surpreendem;
e muitas vezes
no calor do toque
permitem que cada momento surpreenda.
Pensamos no futuro
e no passado,
e não imaginamos esquecer o presente.
Mas fica a lembrança de sentimentos,
a lembrança de nossas sensações,
a tristeza da perda dos momentos,
e o triste sentimento de não voltar a ver
aquilo que outrora se imaginou
previsto em melhores ventos.
Perder é sempre mais duro que esquecer,
mas mais duro ainda é sofrer,
ou sentir o sofrimento
de quem vimos desaparecer
sem nada poder fazer
ou mudar,
ou, entretanto,
alguma coisa conseguir alterar.

Poema 17 - Saber Sem Poder.

É angustiante
      saber sem se poder;
é difícil conhecer
sem se ver,
e no fim pagar caro
por tudo poder
e por se poder
sem prever
quando toda a previsão
não nos deixa ver
o que não imaginamos ocorrer.
O impulso tomou lugar
em teatros de desolação
pela veneração da ignorância
na fome da razão.
Vivemos o mal
e sofremos por um bem,
num esvaziar da alma
— corrupção emocional
por tudo o que advém.

Poema 18 - Me Desculpa!

A escravidão dos estúpidos
　　é a prisão dos vivos,
mortos em espírito
e ativos sem mérito.
Pois que venha o fim desta realidade
mas se salve a fundamentalidade.
Que seja grande o universo
e destrua em sua grandeza
todo este processo.
Porque se o fim das coisas
está no principio dos tempos,
o agora do nosso todo
é tudo por agora.
É viver o amor eternamente
e desculpar o inevitável para sempre.
Por isso te agradeço por tudo
e peço desculpa por tudo,
porque te amei imensamente.

Poema 19 - Pudesses Tu Contemplar.

Pudesses tu contemplar
    a sabedoria
que através de mim podes perpetuar;
e viver na companhia da razão,
numa intemporal magnificência
da reflexão.
Oh virtudes mágicas,
sabores irreais para o insensível,
que a dor entregue o invisível,
e te ofereça o irresistível
doce sabor da contemplação,
suave sabor da existência
e espiral crescente
sem desolação.
Oh visão nublada
por dúbias práticas,
possa meu espírito sem ti
entregar o coração
e este corpo sacrificar
sem sangue
por no amor encontrar
minha petrificação.
Morbidus factus
em realidades reunidas;
In factus insanus
nas emoções vividas.

Poema 20 - Maldição.

Te amei e deixei de te amar,
    mas consegui me perdoar.
É você quem sofre agora,
por um grande amor de outrora.
Te deixei para sempre
na tua dor,
tua maldição,
oculta
na tua malvadez frequente
que hoje te absorve na razão.
Sofre para que te ame
e me mostra como a insegurança treme,
me mostra como a consciência é infame,
e me mostra o arrependimento,
porque em meu coração te chamo,
mas com tua maldição
me contento.

Poema 21 - Prisioneira Da Insanidade.

És doente,
         demente,
e isso é o que permite te perdoar,
pois não quero pensar
que ages por mal,
embora tal seja muito real...
Como o não quereres te entregar
a uma verdade que te enlouqueceu.
És prisioneira de tua insanidade,
tal o ciclo da tua maldade
que em tal esquema te prendeu
e te coloca onde hoje estás,
justificando porque ao amor
nunca te dás.

Poema 22 - Emaranhado.

Entrei na tua mente
    e persisti;
fui o mais fundo que consegui,
e me perdi
porque és demente.
Nada em ti é consistente,
mas somente um emaranhado
de dor
e de arrependimento,
sem nada organizado,
e sem uma luz de felicidade
a que te possas submeter
para teu próprio contentamento,
para que hajam motivos de lealdade
e com amor consigas viver.
Não é minha missão te salvar,
mas podia e posso,
pois possuo o poder
para te libertar.
Mas não é amor
quando se vive neste terror.
É um cenário de algo impossível
em que se procura salvar
o que já está perdido.

Poema 23 - Ascensão.

Ver o belo não soubeste
    e talvez nem possas saber,
porque o belo está além dor.
É o presente de se resistir
aos vendavais dos conflitos,
necessários à compreensão,
findos os quais
vem a ternura,
a qual um dia perdura,
quando se encontra o paraíso
— terra desejada
findo o percurso da consciência,
e, dela, sua máxima ascensão,
não obstante os muitos medos.

Poema 24 - Mundo de Pecadores.

Que mundo este
   de amores cruzados,
de traições
e traídos,
de amores desentendidos,
em que todos se mostram vitimados,
onde nem os mais santos
se livram de culpados.
Neste, de dor em dor me perdi
e de derrota em derrota me venci,
sem saber que me encaminhei
numa vida que a nada encaminha
quando a felicidade não é minha.

Poema 25 - Ser Quem Não Sou.

Quero subir alto nas minhas emoções
para não mais cair nas tentações.
Quero subir alto na minha espiritualidade
para não mais sentir a maldade.
Quero ser alegre e feliz
para não me arrepender
do que fiz.
Quero ser quem sou
para não me arrepender
do passado,
de com quem não estou,
de por quem escolhi
não ser amado
ou por quem escolhi
e fui maltratado.
Quero ser quem não sou
para poder ser quem sou.

Poema 26 - O Desejo Que Se Deseja.

Desejei morrer,
    mas não desejei
que o amor me matasse.
Desejei ser feliz,
mas não desejei
ser responsável
por minha felicidade.
Desejei não sofrer,
mas não desejei
estar só
para eliminar o sofrimento.
Desejei amar,
mas não desejei
ter que amar
para ser amado.
Desejei,
mas não pensei
que o desejo
tivesse que ser desejado.

Poema 27 - Como Amar Alguém.

O amor não é algo que se recebe,
      mas algo que se dá.
E assim se constrói
no sentimento que se concede
quando o amor é sentido.
O amor é grande em si;
Não precisa ser analisado.
Dá que receberás
e recebendo
dar mais quererás,
porque também mais sentirás.

Poema 28 - Amoroso.

Amoroso,
 é o que vê sem ver,
e crê sem crer,
ambicionando
o que não tem
sem deixar de ter
aquilo que nunca vem.
E assim pode permanecer,
sereno em si,
tranquilo na espera
sem espera,
que por menos
não desespera
e nem mais seu coração quisera.
Assim é o ser amoroso;
pois é simplesmente carinhoso.

Poema 29 - O Caminho dos Perdidos.

A beleza,
    a luxúria,
o caminho da esperteza,
o orgulho de ser
e a paz de permanecer
em tal via.
Esse é o caminho dos perdidos
que não se acham na vida,
mas antes na ausência
dos sentidos
em que a inexistência
se mostra completa
em sua essência.
Com ela se alegram
e sem ela desesperam.

Poema 30 - Demónio Sedutor.

Conheci um demónio
   de pernas sedutoras;
e ela me seduziu
com seu jeito sedutor
e fui seduzido.
Depois
o demónio me disse
que não podia me amar
e a ajudei
a se entregar,
e nessa entrega,
ela me entregou,
e ao inferno com ela fui
para provar
que o que tínhamos era amor.
Mas comecei a arder,
e o demónio me abandonou,
dizendo que me ama
e que me desejou,
mas para sempre
um demónio será
e sobre ela
outra verdade não há.

Poema 31 - O Medo dos Que Amedrontam.

Vi um lobisomem
    fugindo dum caçador armado
com balas de prata.
Se mostrou apavorado
me pedindo
que o deixasse fugir
para a morte não sentir.
Vi um vampiro,
fugindo dum agricultor armado
com alho e estaca.
Se mostrou assustado,
pedindo para o esconder,
prometendo
não me morder.
Vi um demónio
fugindo dum sacerdote armado,
com cruz e água benta.
Se mostrou aterrorizado,
permanecendo escondido,
mesmo ao meu lado.
Vi uma linda mulher
que veio até mim
sem fugas,
como um anjo
sem asas;
e me amou,

ROWAN KNIGHT

comigo ficou,
e assim me matou.

Poema 32 - Percorrendo o Esquecimento.

Na paisagem de minhas memórias,
   me percorro no esquecimento,
para reencontrar a paz,
a sensação de que nada
vem em vão.
Desapareço aí,
sem ver nada daí,
e sem me preocupar;
porque apenas desejo a paz
duma vida de guerra,
em que os inimigos
estavam em meu coração.
Me percorro em mim,
observando todas essas dores
e me esqueço de quem sou
e de todos meus amores,
porque não posso ser sem amar,
e nada sou sem o amor que ficou,
porque não posso ser
sem me dar.

Poema 33 - A Máscara.

Me Perdoa
   porque sou louco.
Não, não me perdoes.
Antes me liberta,
porque sou louco.
Não, não me libertes.
Antes me compreende,
porque sou louco.
Não, não me compreendas.
Antes me esquece,
porque sou louco.
Não, não me esqueças.
Antes me ignora,
porque sou louco.
Não, não me ignores.
Antes me respeita,
porque sou louco.
Não, não me respeites.
Antes me ama,
porque sou louco.
Não, não me ames.
Antes me deseja,
porque sou louco.
Não não me desejes.
Antes me deixa ser louco.
Não, não me deixes ser louco.

ROWAN KNIGHT

Antes coloca uma máscara
e finge que também não és
tão louca como consigo ser,
e finge-mos juntos
que não existe loucura
porquanto o podermos fazer.

Poema 34 - Mundo Inacabado.

Assim é este mundo inacabado,
    como minhas insanidades
que apenas posso denominar hilariantes.
Entre a ambição própria do poder
e os estímulos próprios da humanidade,
me riu de minha condição inglória
a que os deuses me propuseram
para, quem sabe,
o que não sei
ou jamais saberei,
e assim fazer
o que não faço ideia
e jamais imaginei.

Poema 35 - Desejo.

Meu desejo
    encontrou teu desejo,
minha mente cantou
com teu ensejo,
e na paixão ardente de nossa relação
me perdi,
num mundo onde tudo que existia
era para ti.
Te Amei
como nunca amei ninguém;
te amei com todas as lágrimas
que meu coração por ninguém chorou.
Te Amei muito além
de dores fortíssimas,
até que meu coração sensível
parou.

Poema 36 - O Sentido da Vida.

Que sentido tem a vida
    sem o amor de quem amamos?
Que propósito tem a lágrima
se ninguém lhe deu uma companheira?
Que sentido tem um amor perdido
quando dele carecemos?
Que vontade posso ter em viver
sem o bater de teu coração a meu lado?
O que é a vida
quando o meu amor,
em chamas de dor,
é consumido?

Poema 37 - As Cores do Amor.

A vida sem ti é como cor
  que cego não pode ver.
E quantas cores tem o mundo
para um coração perdido?
Quantas cores tem o arco-iris
quando os olhos não alcançam
além do pensamento?
Quantas cores tem o pensamento
quando a escuridão ofusca a alma?
Com quantas cores posso viver
depois de ter conhecido
um mundo agora desaparecido?
Com quantas cores posso sentir minha alma
sem a presença dum amor que me acalma?

Poema 38 - Gostaria.

Gostaria que me tivesses amado
sem medos.
Gostaria que me tivesses amado
sem a necessidade de me afastares.
Gostaria que me tivesses amado
sem jogos.
Gostaria que me tivesses amado
sem duvidares.
Porque se me tivesses amado
de coração aberto,
terias visto um homem
disposto a tudo
para cumprir um destino
incerto.
Não desistas portanto
do meu amor,
amor meu,
pois não desisti
do teu.
Em meu silêncio desisto
do sofrimento,
mas não desisto
do que temos.
Me rendo ao sacrifício
em que me colocas
perante este tormento,

ROWAN KNIGHT

mas não desisto
da bela espiritualidade
que só nós vemos.

Poema 39 - Tão Longe e Tão Perto.

Tão longe e tão perto,
    de manhã, a pensar em ti
desperto.
De noite, saudosamente,
procuro adormecer.
A meio da tarde as lágrimas
me roubam a paz
num sufocante aperto.
E a meio da noite, o desespero,
me toma
num diabólico tormento.
Assim, minha alma anseia por ti
sem nunca te esquecer.
Diariamente
e sem esperança
meu espírito por ti chama
e nada alcança,
enquanto lembro
os nossos momentos,
enquanto relembro
nossos sonhos
e me perco
numa dor interminável,
uma dor que me toma
sem piedade,
uma dor que me toma

ROWAN KNIGHT

sem clemência,
uma dor que me arrasa
de forma implacável,...
E por mais mulheres que conheça,
como poderei de novo me apaixonar?
Depois de contigo ter visto
um mundo além esperança,
como poderei agora te recusar?

Poema 40 - Se Me Amasses.

Se me amasses como te amo
 não temerias meu amor.
Se me amasses como te amo
farias comigo o impossível
– eliminarias toda essa dor.
Não sou o mal que vês
e nem mesmo as fraquezas
que encontras.
Sou o sonho no qual crês.
Sou o anjo que te eleva às alturas.
Sou tudo o que de belo queres
para teu mundo.
Sou essa realidade
e muito mais
num coração ansioso.
Sou a salvação
do teu coração vagabundo,
e sou um amante cuidadoso.
Se sabes que te amo,
do que esperas então?
Se em meus sonhos te chamo,
porque esperas em solidão?

Poema 41 - Não Acredito Em Ti!

Te amei
　　durante quanto tempo consegui,
te amei
e nunca desisti,
te amei
e te amarei,
mas por ti
não mais chamo.
Quando nas noites frias
meu coração chama por ti,
grito mais alto
com minhas lembranças
e digo a mim mesmo:
Não devo alimentar esperanças.
Não acredito em ti.
Como posso acreditar,
se em ti
um grande sonho vi,
mas tudo o que fizeste
foi me fazer nisso desacreditar?

Poema 42 - Tua Espada.

Pegaste meu coração,
    o ergueste bem alto
e dum precipício
na dor e espinhos
o largaste.
De meu sofrimento
abusaste
e nesse regozijo
teu coração se sentiu calmo,
porque, na verdade,
pertences a um gelado planalto
onde guardas teu coração frio
e a ninguém
te permites entregar-lo.
A espada com que atravessaste meu coração,
a mesma espada que torceste depois de espetares,
é hoje a espada que uso para te aniquilar,
verme insensível que vieste em vão,
que clamaste meu amor para te alegrares.
Não mereces nem mesmo um olhar.

Poema 43 - Enfeitiçado.

Enfeitiçado por teu perfume corporal,
    sou teu para além do infinito.
Minha alma se rendeu no teu olhar floral
e morri para sempre em teu espírito.
Por isso te odeio;
porque sou teu prisioneiro.
Por isso sinto raiva e frustração;
porque para sempre estou na tua mão.
És dona de meu destino
porque te amo mais que ao divino.
És dona de mim
e por causa de ti sou assim,
moribundo amante
esperando ansiosamente
que imensamente
me ames
ou rapidamente
me aniquiles.

Poema 44 - Rainha dos Obscuros.

Te alegra em teu trono,
    oh rainha dos obscuros,
pois tua vida nada inclui
para além dos que foram esquecidos.
Não serei teu amante,
porque pertenço a outro reino,
mas talvez teu escravo,
porque devido a ti
de minha consciência
fico alheio.
Somos inimigos,
mas me rendi,
porque sou dum mundo melhor
e dele me perdi.
Mas somos inimigos,
porque o amor que por ti
sempre senti,
alimenta hoje
minha eterna dor.

Poema 45 - Aflição.

Me abandonas
  até que te abandono
e depois dizes
que de teu coração sou dono.
Mas porque o reconheces
apenas na aflição
e antes disso
sistematicamente dizes que não?
Estou deixando nosso amor morrer
sem a água e o sol
que o viu nascer.
Mas dei muito de mim
e nada fizeste para ajudar.
Por isso hoje deixo nosso amor assim,
lentamente morrendo,
como uma flor a murchar,
e nos pensamentos desfalecendo,
numa dor sem comparação,
da minha mais profunda aflição.
Tenho medo de te perder,
mas não mais sei que fazer.
Em muitos momentos sofri
e poucos me lembro em que ri.
E sorrisos...
foram os teus honestos?
Ou apenas adequados?

ROWAN KNIGHT

Creio que esses momentos
foram para ti
sem profundos significados,
talvez até manipulados,
porque não podes amar.
Podes apenas me desejar.

Poema 46 - Quem Me Pode Libertar.

És tu meu amor;
    És tu quem me pode libertar.
Pois no que temos
sou teu prisioneiro.
Sou teu em cada meu suspirar,
sou teu e sempre ao despertar
e sou teu ao adormecer.
Assim desfaleço neste ardor,
fogo duma saudade,
que me faz estremecer
em cada suspiro de aspiração,
quando te desejo em vão
e teus lábios quero sentir
para acalmar meu coração.

Poema 47 - Assassina.

Te mostrei o amor,
    mas recusaste.
Te reconheceste melhor nas trevas,
porque a luz representa para ti dor,
e o poder demoníaco preferiste
para me manipular sem reservas.
Mas o amor não pode ser preso
e por isso saí ileso;
não sem deixar de te amar,
porque só a ti sempre me quis dar,
ainda que tal me pudesse matar.

Poema 48 - Cumplicidade.

É uma cumplicidade
este nosso silêncio
em que desejamos
a voz do outro,
mas nos resignamos
ao orgulho.
Ou será medo
duma relação que é vicio?
Quadro abstrato
de sentimentos difusos
que deviam ter terminado
mas nos perseguem,
ainda que sem qualquer uso.
Acordo a pensar em ti
e é assim desde que te vi,
mas és para mim veneno,
ainda que aprecie o sentimento
que cura o coração
da sua dor
sempre que me magoas
em arrependimento
e me dás de ti
teu sabor.

Poema 49 - Promessas Vazias.

Prometeste,
    disseste,
repetiste
e mentiste.
Criaste esperanças,
emoções,
enganos
e várias traições.
Me embrulhaste em venenos,
de intrigas e tormentos,
por entre frustrações
nas quais perdi o rumo
às causas de como tudo começou
e se evaporou
por entre fumos
de ilusões
que hoje quero esquecer
porque não mais te quero ver.
A dor profunda que sinto,
por me reconhecer
num mundo
que não me reconhece,
me faz odiar a função
de tudo o que o amor poderia ser,
porque tudo se dá a esquecer
num ciclo

ROWAN KNIGHT

em que tudo se quer perder.
É uma guerra pela compaixão
sem empatia alguma
ou qualquer reconhecimento da razão,
numa irreconhecível irrealidade
desta ilusão
que se crê ser verdade.

Poema 50 - A Vitória dos Vencidos.

A lembrança
         das promessas
de corações vazios,
são como melodias sem fim
que prendem sentimentos
ansiosos por mais.
E aspirando a futuros momentos,
enquanto desfrutando
de perfumes
de quem na memória ficou
e o coração guardou.
Por entre esta minha realidade
algo chama por ti,
porquanto meu coração
desespera por paz.
Face ao roubo que vivi
e do qual nada volta atrás,
sei que posso apenas dar mais
para de mim não dar demais.
Anseio pelo futuro
como anseio no presente,
lembrando o passado,
tristemente recordado
e perdido
num futuro inesperado.
Preso entre memória

ROWAN KNIGHT

e desejo
morro para o presente,
e para quem sou;
para ser quem nunca serei,
porque em espírito
quero terminar
tudo aquilo
que se começou
mas ninguém terminou.
Assim te dou mais,
para recuperar
e ganhar
também mais.

Poema 51 - Sem Rumo.

Me sinto
    como um barco vazio
sem rumo,
perdido;
um barco sem marinheiro,
buscando
quem lhe dê sentido
ao propósito que não decido
perante a ausência de motivo,
o qual pressinto
estar perdido.
Busco o sentido
neste retiro
em que me vejo rendido,
pensando em ti
e só a ti vendido.
Compra corrupta esta
que me cobrou mais que ventos
em tempestades sobre navios,
ou mesmo deuses enraivecidos
agindo sobre marinheiros desprotegidos,
e a si mesmos negados.
Barcos e marinheiros
nunca precisaram de rumos,
mas de compaixão
por parte dos mares

ROWAN KNIGHT

e de quem os controla
e através deles devora.
Mau marinheiro portanto sou,
por confiar em demónios
que em meu mar de emoções,
vieram e sacrificaram tudo,
menos a alma que ficou.
E isto
foi tudo o que restou.

Poema 52 - Onde Me Encontrei.

Encontrei no amor
    a resposta invisível
de repetida dor.
Encontrei na paz
a mentira ilusória
duma verdade transitória.
Encontrei em nós
a mentira de minha palavra,
fruto de pensamentos sem voz.
Encontrei na dor
a verdade sobre sacrifícios da alma,
resultante do fervoroso amor.
Encontrei no desencontro
a falta de razão no amor,
consequência
de quem não conhece outro.
Encontrei em ti
quem para mim nunca quis;
verdade que em mim não vi.

Poema 53 - Musa.

Sei que existes
    e espero por ti
como que por mim,
pois sem ti não sou
o que quero ser
e não sei como existir.
Sonho com a realidade
que para já não se manifesta,
aspirando a um ser
que ainda não posso ver.
Me vejo
como te vejo
e me revejo
como te revejo;
sendo quem sou
para que possas ser
quem desejo.
Musa de meu mundo,
te temo quanto te quero,
porquanto me vanglorio
por te ter num sonho
que em si
se aperfeiçoa,
para me conduzir
à maior perfeição
em que minha mente voa

ROWAN KNIGHT

e desapareço para ti.
Me rendo ao sonho
de saber que existes
e a esperar por ti;
pois a alternativa
é feita de muitas esperas
em que nenhuma das quais
alguma vez me senti esperado.
És uma musa da felicidade
que alimenta minha criatividade.

Poema 54 - Sem Poder Ser.

Em meu coração jaz uma dor,
uma dor cujo fundo não posso ver,
não quero ver,
nem sequer quero sentir,
ou tão pouco conhecer.
Mas, na raíz de meu ser
jaz a solução;
a solução para esta dor
que não posso ver.
Como uma erva daninha
cresceu
e me consumiu,
e agora temo vê-la
ou mesmo senti-la.
Sei que um dia
me irá por completo consumir,
porque deixei de a poder sentir.
De dor em dor,
construí meu sofrimento
e edifiquei minha cruz...
E esta cruz tem os pregos
de todos quantos me crucificaram,
mas alguns são maiores que outros
porque alguns me magoaram mais.

Poema 55 - Cruz de Luz.

Cruz de luz,
    luz de minhas trevas,
e de trevas cruz,
na qual irei desaparecer.
Como quem não pôde ser,
serei assim,
um fim
daquilo que nada foi,
ofuscado
pelo que outrora quis ser.
Não posso amar,
porque nessa prisão
não posso ser.
Não te posso amar,
porque assim
não poderia viver.
Tal é este mundo demoníaco,
cruel e ilusório,
no qual nasci para perecer,
que me condena
a uma vida que me fez crescer,
apenas para como um animal
agora me sacrificar
e destruir.
É um mundo cruel
e desumano

ROWAN KNIGHT

de criaturas insignificantes,
mas seria eu desumano
por te considerar igual?
Creio que esta desumanidade
é apenas reflexo
da impossibilidade
de te poder amar
neste mundo irreal.

Poema 56 - Reverberações.

Minha vida
    é equilibrada
por reverberações,
e composta
por pensamentos
complexificados
em si mesmos,
como sons
que cordas harmoniosas
duma guitarra se escutam.
Tal é a imagem
continuamente alternada
de minha existência
cuja realidade é ilusória.
Portanto, não te amo,
nem te posso amar,
porque de tua realidade
não sou,
nem nunca fui,
e nem nunca poderia ser.
Sou apenas um estranho
entre fantasmas do passado
e desejos de vivos,
perdidos,
— almas sem rumo;
uma ponte entre mundos

ROWAN KNIGHT

cujas águas compõem
todas as minhas reencarnações;
muitas mais do que qualquer ser
deste mundo e outros paralelos
poderia conhecer.

Poema 57 - Mundo Oculto.

Venha a mim o mundo oculto,
 porque hoje sou seu governante,
e que me revele
o que agora posso ver.
E que me ensine
o caminho além deste,
e a odiar
tudo o que aqui observo,
em todo meu coração.
Que me alimente com o ódio
que sinto destes humanos,
piores que seus animais;
porque rejeitam a honestidade,
matam sem piedade,
e veneram a violência.
Me ensinem a ver seus desejos
e a escutar seus pensamentos,
para que conheça
mais motivos para os rejeitar.
Me ensinem a verdade
que só meus irmãos conhecem,
para que nunca ame algum deles
e para sempre os despreze.

Poema 58 - O Amor que Temo.

Dois tipos de amor conheço
　　mas apenas um reconheço.
Jamais compreenderei
o amor humano
porque não entendo
e não compreendo
tal amor
de tamanha insensatez.
Que o meu
me proteja do outro,
porque nessa armadilha sou fraco
e vulnerável a um mundo maldito.
Que a compaixão se afaste de mim
porque nesse vírus
enfraqueço o pensamento
e fico vulnerável
a uma imensa crueldade
interminável.

Poema 59 - Traidoras.

Criaturas traidoras
   que vim para conhecer,
a fim dos meus
poderem identificar,...
Que venha a morte destes fracos
disfarçados
de atitudes arrogantes
e histórias gloriosas
sobre vencedores
e vencidos,
dos que foram na liderança imortalizados
e dos que no sacrifício ficaram esquecidos.
Que a desonestidade
dos que em mentiras se escondem,
seja a praga de seus corpos
e vermes neles cresçam,
na proporção de sua crueldade
e nefastos atos
contra a humanidade.

Poema 60 - O Destino dos Malditos.

Desprezível é esta raça maldita
    dum deus falso,
egoísta e prepotente
e de sua ilusória luz,
que ofuscou os melhores
entre os homens.
Um Deus de deuses,
de anjos e santos,
só pode ser um mentiroso
como qualquer humano é,
ao se impor a seus irmãos,
e lhes negar independência
de espírito e razão,
ou até mesmo pensamentos.
Ignorância
de quem a isso chama de fé.

Poema 61 - Odeio Esta Existência.

Odeio este meu corpo
como minha existência,
porque odeio este planeta
para onde fui enviado.
Mas sofro
no entanto;
E sofro profundamente,
porque não consigo aqui amar.
Num planeta sem amor,
sem verdadeiro amor
como o conheço,
é impossível sentir em verdade.
E, no entanto,
as lágrimas me escapam
por entre um coração palpitante,
sensível e fraco,
quando lembro o amor
que para trás deixei,
porque era mais real
que o que hoje sinto.
Numa outra realidade
onde o conheci,
vivi e compartilhei,
existe um mundo
de fraternidade,
harmonia,

ROWAN KNIGHT

partilha e verdade,
e de muito mais que isto.
Pois é uma outra realidade,
incomparável,
ao que esta permite
nos limites do imaginável.
Mas para aqui vim
e daqui não posso sair
até que minha missão termine
e este invólucro fisico
de braços e pernas lentas,
num mundo paralisado
pela ignorância
e violência,
para trás deixe ficar.
Nesse momento apenas
poderei voltar a amar.
Espero por esse dia,
e anseio por tal momento,
que só esta vida de sofrimento
me poderia fazer recordar.

Poema 62 - Porque Não Posso Te Amar.

Aqui, neste mundo,
　　não posso amar.
Não há amor,
quando tudo é material;
quando ódio
e injustiça,
inveja e medo,
impedem a verdade
de florescer e prosperar.
Este não é meu mundo.
Portanto
você pode tentar me amar
mas nunca pode
esse amor perceber.
Eu te amo
mais do que você poderia entender
com o amor que você desconhece.
Mas nunca terá meu amor
como o deseja,
não nesta realidade,
porque não posso te amar
como me ama.

Poema 63 - Creio em Sua Bondade.

Creio em sua bondade.
　　Você apenas foi mordida por muitos vampiros
e estes arruinaram seu estado natural;
apagaram a beleza de seus olhos.
Mas gostaria de poder ser sombrio e falso,
porque assim poderia estar com você.
Mas não sou,
portanto tenho que partir
para não ser esquecido.
A deixo para que consiga
a liberdade das trevas
na qual perdeu sua bondade.
Sei que pode ser salva
porque vi esse tipo de luz
por trás de emoções
que tanto me surpreenderam.
Vi essa luz durante nossas brigas.
Você quer amar
mas não pode amar.
Você quer ter amor
mas não pode receber amor.
Querida esposa
de caminhos espirituais,
exorcize sua dor
através da raiva!
Pense em mim

ROWAN KNIGHT

e sinta minha falta.
Não pare de amar
e irá assim se exorcizar;
E no topo da colina escura de sua alma,
me verá perto do sol que te acalma.
Lá, você terá meu coração novamente,
se nisso conseguir acreditar.
Porque, para além da luz
da qual você foge,
meu coração é sempre seu,
e para você
sempre irei voltar.

Poema 64 - Por Favor, Seja Livre!

Por favor, seja livre,
    para que neste compartilhar
também possamos reaprender a amar.
Eu te amo.
Por favor, não esqueça!
Use esse conhecimento
para que sua liberdade seja estabelecida!
Tome hoje sua dor,
para que possa amanhã amar!
Se lembre de mim,
mas não para sempre,
porque não quero ser tristeza,
num mero recordar.
Quero ser
seu melhor amante.

Poema 65 - Atire uma Flecha!

Crave seus dentes em meu pescoço
    e vá fundo
até que meus ossos quebrem!
Consegue ver meu sorriso?
Atire uma flecha no meu peito!
Faça isso até que sinta
necessidade de morrer.
Pode ver meu estado pacífico?
Crave em mim a maior espada
que conseguir encontrar!
E force essa espada dentro de mim,
até que a dor não mais importe!
Pode ver meus olhos amorosos?
Não, não, não,...
não desista da raiva!
Porque o amor é poderoso
e nessa dor
fortalece nossa ligação,
numa imortal conexão.
Continue me magoando
até que fique muito fraca.
Para que possa te pegar para sempre
depois que você se cansar
e ao fazê-lo
fazer você se perder
em seu ódio.

ROWAN KNIGHT

Você é minha,
porque não posso ser derrotado.
Estou apaixonado
e isso é algo que está além
de qualquer coisa limitada.
O amor não pode morrer
e você não pode me matar.
Estou apaixonado,
e agora você não pode fugir.
Você é minha, meu amor,
presa nesta existência.
Esta agonia
é nossa etapa final
e sua raiva,
minha alegria.
Venha se render,
porque é minha
para sempre.

Poema 66 - Hoje.

Hoje vejo,
    que meu futuro se move com esperança
quando com amor posso caminhar.
Hoje meu espírito é livre
devido às pontes emocionais
que construímos
sem culpa
entre dois mundos.
Hoje vejo a força
de cada um desses dias,
e reconheço que, como você,
nas dificuldades
construí minha força,
sem saber que nesse processo
também criei minha fraqueza.
Encontrei a perfeição da vida,
sabendo que com você
minha força pode se tornar
a luz de velas para iluminar
um relacionamento normal.
E minha fraqueza
é uma maneira
de realmente
criar felicidade.
Hoje vejo caminhos
na alegria que liberamos.

ROWAN KNIGHT

Vejo a capacitação cósmica
no abraço de duas almas
construindo o que para nós
é uma conquista.

Poema 67 - Nosso Império.

Le monde n'est pas grand
　　if in you I see a huge land.
La perfection n'est pas tout
quando vejo um eu e um tu.
Son los efectos de emociones,
prueba de la perfección
en las reacciones,
et aussi l'amour,
our beautiful tour,
en sentimientos
que solidifican nuestro imperio
numa beleza de eterno mistério.

Poema 68 - Venha Ver.

O que você está fazendo?
    Suas lágrimas apreciando?
O que você está vendo?
A dor que dos medos estava criando?
O amor é sobre a felicidade
e estou esperando
que isso você aceite.
Mas se não conseguir,
vou ficar inquieto,
porque tenho
o que você rejeita,
tal como também tem
o que desejo
esperando o que concedo.
Está tudo aqui! Venha!
Venha até mim! Venha e veja!
Venha me amar assim!

Poema 69 - Omnia In Divina.

Omnia in divina
    Omnia in omnibus
sed omnia divinitus.
Omnia aequalia
et omnia in divina.
O divino
é que me comanda
pois torna tudo significativo,
incluindo o amor que se oculta.

Poema 70 - A Vida Tem Sofrimento.

A vida tem sofrimento
    mas não existe sem motivo,
e espero apesar disso
viver melhor
para que nisto encontre um propósito.
Acredito que nosso caminho é feito de amor.
Caso contrário,
para que estaríamos aqui?
Morrer sem saída?
Isso não é viver.
A vida é ver,
e seguindo o invisível,
abandonando o não-ser
e liberando o que ainda não foi,
aprender a realmente ser.
A vida é saber partir,
deixando ir
e mostrando
como nada existiu.
Estamos aqui
para não planejar com antecedência,
mas para ir além,
deixando para trás enigmas
enfrentados
no que foi desencontrado.
Portanto vá

ROWAN KNIGHT

e deixe ir!
Se liberte!
E então posso te mostrar
o que pode ser.
Nada neste mundo está vazio
e você está dentro dum plano superior
movendo-se em uma missão
no sentido de ver
o que deve ser.
Pois não há nada
que não possa existir
e esta é sua realidade,
pelo que sempre deve banir
o que não é dum plano superior.
Deixe ir!
Porque te vou mostrar
o que não pode ver
enquanto não estiver a ser.
Tudo funciona como deveria
na ordem que mostra
o que é isto.
Deixe ir! Deixe ir!
Irei mostrar o que precisa saber.

Poema 71 - O Que a Mentira Não Pode Conseguir.

Nenhuma mentira pode conquistar meu coração
  pois não é suposto que seja dilacerado pelo engano.
A responsabilidade é doce quando aceite com razão,
mas amarga quando exigida com ressentimento.

Poema 72 - Magia.

Existe mágica na realidade
 que só pode ser vista
pelo olho invisível
a que chamamos de coração,
pois fala sinceramente
em toda sua arte.

Poema 73 - Nenhum Futuro Prende a Mente.

Nenhum futuro prende a mente
　　sozinha em seu orgulho
porque a mente é sagrada
sabendo o que encontrar
e parando apenas para guiar
toda vez que é nomeada
e chamada
com o instrumento do coração,
que os Homens devem render
para que poderes mais elevados
possam durante o dia os guiar.

Poema 74 - Santos e Pecadores.

Que mundo este,
    de amores cruzados,
de traições e traídos,
de amores desentendidos,
em que todos se mostram vitimados,
mas nem os mais santos
se livram de culpados.
De dor em dor me perdi
e de derrota em derrota me venci,
sem saber que me encaminhei
numa vida que a nada encaminha
quando a felicidade não é minha.

Poema 75 - Paz Desumana.

Perdido nas emoções
　　me vejo vencido.
O amor me derrotou
como nunca antes fui derrotado.
E nesta dor desejei morrer
pelo prazer de amar
porque nada mais desejo
que amar e ser amado,
e sentir a força poderosa da paixão;
força esta que nos derruba por completo
e nos faz sentir espirituais,
imortais,
como o mar,
que sem forma
e sem pretexto
se completa
na sua imensidão
e permanece eterno
na sua instabilidade
que em nada lhe retira
identidade.
Assim é o amor,
que impulsiona todas as emoções,
faz subir alto
e nos destrói
com uma calma inumana

ROWAN KNIGHT

— paz desumana.

Poema 76 - O Nada que Representas.

Mentiras,
    que se confundem em verdades;
Sentimentos,
que se confundem em insanidades.
Assim és,
criatura estranha que tanto amei
crendo ser real,...
Mas nada és;
não és mais que um animal,
um ser estranho
em luta pela sobrevivência,
incapaz de amar,
incapaz de ser normal.
Ou talvez não,
se nada existe em ti,
alem aquilo que nunca foste,
ainda que o menciones.
Não sentes amor.
Não me amas.
És o que és
— um nada
em busca de tudo,
tudo o que não és,
porque nada és.

Poema 77 - Porquê Amar?

O amor é grande em si.
    Não precisa ser analisado.
Dá que receberás
e recebendo
dar mais quererás,
porque também mais sentirás.
Assim nós somos,
seres mais que animais,
— espirituais,
de ambições amorosas
e necessidades espirituosas.

Poema 78 - Mil Sensações.

Mulher bela
 que roubas minhas emoções
e me encantas em mil sensações.
Me roubas o pensamento
e me impedes de escrever,
mas não me impedes de ser poeta,
porque na poesia
minhas emoções voam
e nelas te conquisto,
pois nelas exprimo um sorriso,
uma emoção que não fica presa.
E, no liberar desta sensação,
chego até ti
numa energia que não vês,
uma energia que está sempre aí.

Poema 79 - Intriga.

Tu sabes,
    sentes
e podes saber
o que deves conhecer,
mas te confundes
porque em mim não vês
o que esperas ver.
Apenas podes sentir
uma projeção
de forte emoção,
uma energia
que te alimenta
e te eleva o coração.
E, por isso, te intrigas
e na intriga permaneces,
sem que possas perceber
o que o coração sente;
tal forte emoção
que de mim emerge
e em ti segue,
para completar um ciclo,
uma dinâmica mágica
só nossa,
que os olhos não vêem,
o coração sente,
mas nos intriga;

ROWAN KNIGHT

mais a ti que a mim,
pois vejo tua instabilidade,
sem que meus olhos a acompanhem,
porque sou dono de meu mundo,
e é um mundo oculto
que não conheces,
mas que chega até ti
dum modo que não vês,
mas podes sentir.
Nesse mundo sou rei
e tu minha soberana,
porque controlo a energia
dessa realidade
onde tu apenas podes sentir
e perceber,
sem lá entrar.
E nesse estimulo te intrigas
sem conhecimentos,
apesar de que, no entanto,
me prendes
em meu próprio mundo,
porque és bela.

Poema 80 - Orgulho.

Meu orgulho
    conheceu teu orgulho
e orgulhosos vivemos
num amor orgulhoso,
até que perdeste o orgulho
e por outros me trocaste
para manter tua imagem.
E assim te recriaste
numa nova viagem
para manter teu orgulho,
pois só este te é prazeroso.
Não soubemos
como nos mantermos,
mas, pelo menos,
mantiveste teu orgulho.

Poema 81 - Lúcifer.

Conversei com Lucifer
 e me pediu para dar
um recado a Deus.
Mas perguntei:
Porquê eu?
E respondeu:
Porque não poderias observar
aquilo que te darei,
nem mesmo se fosse teu.

Poema 82 - Estupidez.

Estudo a estupidez
	com a inteligência
que a ignorância
não me permitiu,
e vejo aquilo
que quem me magoou
também viu.
Entendo sua malvadez,
mas não entendo
minha dormência
que a estupidez
ver não possibilitou.
Apenas vejo o que ficou
e me sinto estúpido
por antes não o ter visto
e não ter percebido
quanto de estúpido fui
e quanto de estúpido
ainda sou.

Poema 83 - Me Ver em Você.

Me pergunto
    se sou quem sou
ou uma aparência
do que ficou
— lágrimas não derretidas
que meu coração aclamou
e dores sofridas
que minha alma cristalizou.
Assim estou,
preso num castelo de gelo
da dor que passou,
até que o amor
tudo possa derreter
e novamente me possa ver
nos olhos de quem me veja;
enclausurado
no que de mim restou.

Poema 84 - Dispensáveis.

Nas imbecilidades da vida
    encontrei a razão para viver;
nas pessoas dispensáveis,
motivo para me desprender;
e nestas palavras
uma forma de evitar
cometer pecados
que de outro modo
não consigo parar.

Poema 85 - Condenados.

Não sei se és estúpida,
    maléfica ou insípida.
Certamente que és vazia
de sentimentos
e emoções.
Certamente que não me amas,
porque não sabes o que é perder
a oportunidade de amar,
e de aprender
a respeitar o outro
como a nós mesmos.
Por isso nunca receberás,
nem verdadeiro amor,
nem um outro verdadeiro sentimento.
Viverás a ilusão
de relacionamentos acabados
antes até d'os iniciares,
condenáveis
desde seu início.
Serás usada
como usas
e morrerás
velha e só,
tão válida
como pó.

Poema 86 - Amor Ilusório.

Soubeste
 como me conquistar
e como me amar,
mas me abandonaste
entre mentiras e memórias
que hoje não são mais que histórias
com as quais construo a verdade.
E, deste modo,
me perco na insanidade.
Na miragem dum amor ilusório
bebi as águas tóxicas de tua paixão
e aí fiquei preso
na desilusão
dum amor que hoje termina
terminando comigo
sem piedade.
Tens meu coração
cativo sem perdão.
No entanto,
só posso ser culpado por te amar
e, apenas por isso,
mereço ser condenado,
pois ninguém deve amar
quem não ama em retorno.

Poema 87 - Quem Me Pediu.

Quem me pediu para não enganar,
　　me enganou;
Quem me pediu para não mentir,
me mentiu;
Quem me pediu para não agredir,
me agrediu;
Quem me pediu para não trair,
me traíu;
E hoje sofro por tudo permitir
a quem nada me permitiu.

Poema 88 - Imbatível.

Me deixaste com a angústia
    p'ra partires em pose vencedora
até ao pénis de outro homem
e aí abrires tuas asas d'abutre,
no pouso de tua indecência,
espírito diabólico
que anseias
por minha decadência.
Não me levas contigo
até ao mundo dos mortos,
porque arrancaste meu coração
com tua sede de paixão
e mordeste minha carne
com tua fome sexual,
mas me rio de minha situação
e me libero
p'ra insanidade
sem temer me libertar
para o teu mal,
porque dele sorrio.

Poem 89 - Invencível.

Nunca me darei por vencido
 e nunca perco quando sorrio.
Isso faço hoje —
riu sem parar de rir;
riu de minha humilhação,
riu de minha solidão,
riu de todas as perdas
que me fizeste perder
apenas para te dizer:
não vences
o que não está vencido
e nunca me vencerás
porque de tudo riu;
de mim,
de ti,
do que foi,
e do que não será.
Me riu do meu fim,
por isso
não me venceste,
porque nunca meu espírito destruíste.
Sou invencível
e quanto mais dores sinto
mais riu,
porque esse é meu instinto.
Sou invencível.

Poema 90 - Amor Louco.

Vivi um amor
     de paixões loucas
e amei loucamente.
Esse amor
foi também uma guerra
e guerreei ardentemente.
De toda essa loucura
desejei me libertar
e hoje, com nostalgia,
procuro tudo isso lembrar,
porque ainda o quero,
mas não mais que a felicidade,
que começo a reencontrar
e que vem de dentro de mim,
em todo o meu amor-próprio
a que nenhum outro
se pode comparar.
Porque só de mim
alguma vez verdadeiramente fui
e só a mim pude e posso dar,
com o espírito que de mim
não se pode transpor,
mas tão-somente amar
como quem me ama.

Poema 91 - Entre Demónios.

Entre o demónio
　　que em amor me violou
e aquele que em amizade m'enganou,
me escondo
do que me procurou
sem esquecer
o que em mim ficou
— resquícios dum inferno
que findou,
mas que de mim roubou
parte do que sou,
para me transformar
em algo que não sei,
depois de m'enganar
através de quem amei.

Poema 92 - A Essência de Quem Sou.

Nas mãos do diabo
  Deus me entregou
sabendo que jamais
seria vencido,
e assim Ele me treinou,
para que na dor soubesse
que nada em mim terminou.
Sou quem sou
— tudo e nada,
que em seu Deus
se resguarda,
não importando
o que dentro de mim ardeu,
pois nunca perco a essência
de tudo o que sou e é meu.
Por tudo isto,
sou superior ao inferno
que me atravessa
e que jamais consegue levar
a mais pequena porção
de minha alma.

Poema 93 - O Outro Lado.

Quebraste meu espírito
    com a maior falsidade de todas,
a melhor máscara
alguma vez criada.
É a máscara do amor,
aquela com que me traíste,
para me deixar nesta dor
totalmente sozinho.
Me alimento
e regojizo
da felicidade
de minha loucura,
e me orgulho
d'a ter criado,
com os ingredientes
com que tua insanidade
me sustentou
e alimentou
em sonhos profundos,
que romperam meu espírito,
para me permitir visualizar
um novo universo.
Por isso te agradeço
teres partilhado
tal insanidade comigo
e me teres permitido

ROWAN KNIGHT

desse modo desvendar
o outro lado
de minha própria sanidade.

Poema 94 - Reflexos.

Amor meu,
    reflexo do que não sou,
do que nunca fui
e sempre detestei,
em ti aprendi a ver
aquilo no qual nunca acreditei
— que sou mais
do que alguma vez pensei.
Em tal insanidade me encontro
com o lado mais obscuro de mim,
e reencontro o propósito
para o qual a este mundo vim.
Te agradeço por isso,
todo o sofrimento
e por me odiares;
porque em teu ódio
aprendi a ser
mais sóbrio
mediante o insólito
de minha loucura
sem paridade,
com a qual hoje reconheço
minha dualidade.

Poema 95 - Perdi.

Perdi na fantasia
    a esperança.
Perdi na confiança
a força.
Perdi numa moça
a criatividade.
Perdi na vaidade
o empenho.
Perdi no excelente desempenho
a paciência.
Perdi na excelência
o que tenho.
E que tenho agora?
Te tenho a ti,
para esquecer
aquilo que não quero ver
e filosofar
sobre o que não posso
e não devo poder fazer.

Poema 96 - Mudar.

Pensamos que é mais fácil mudar
    e assim nossa realidade transformar.
Acreditamos que se nos transformarmos
a realidade social que nos envolve muda.
Tal é a ilusão,
porque a linguagem do coração
é universal.
Nada se transforma
sem que a transformação
se transforme
na mudança que envolve
aquele que muda
na mudança
em que se dissolve.

Poema 97 - Apenas Posso Criar.

Não posso controlar o que sinto
 e sempre serei encurralado
por sentimentos;
os quais me guiam
até imprevisíveis momentos,
em que amo,
odeio, destruo
e choro,
por quem amei
e tive que destruir,
porque não podia amar,
porque não era amado
e porque sozinho
apenas podia ficar.
Sou uma nulificação de verdades
resultantes de minhas divagações,
inconsoláveis inspirações
que me puxam para a mensagem
que devo transmitir.
Sou trabalhador do divino
e isso não posso renegar,
pois minha alma de tal depende,
num contrato que se pretende
eterno como o destino.
Nasci para criar
e não para amar,

ROWAN KNIGHT

mas amo o que crio
e posso amar
quem me amar,
porque o amor
também sei criar.

Poema 98 - Amor Egoísta.

Quem me ama
    com propósitos egoístas
de meu coração pedaços rouba,
como um ladrão a meio da noite,
sem que seja descoberto,
até que a perda é tanta
que tudo o que resta
é um coração vazio;
vazio de meu eu que se perde,
vazio dos sonhos que desvanecem,
vazio de meus sentimentos
que entretanto
se tornam negros
como as nuvens
duma tempestade
que prevêem a depressão
à qual terei que sobreviver.

Poema 99 - O Risco de Amar.

A dor de amar
     e perder
não quero.
Com o risco de perder
não posso ficar.
Mas me encontro,
permanentemente,
nessa dualidade,
de amar e sofrer,
por me recusar a perder,
por me recusar a ceder
a um mundo de solidão,
em que também aqui perco
a capacidade para ser.

Poema 100 - Almas Perdidas.

Almas perdidas se unem
na senda do mal,
armadilhando o caminho
para os mais puros,
afim d'os desviar
de sua bondade.
Assim conseguem,
como tu consegues,
que te odeie
e despreze.
E é triste
como a triste dualidade
em que vivemos;
mas é também o destino
para o qual eu e tu nascemos.
Num plano comum
definimos nossos papeis:
Eu te amando
e tu me destruindo;
ainda que pudéssemos
aprender a amar
tal como somos.

Poema 101 - Amor Temido.

Do amor que sinto
 até às palavras que profiro,
recebo ódio
dos que me temem amar,
recebo sua dor
como se em mim
se pudessem purificar.
E não posso escolher
qualquer outro caminho,
excepto os abandonar.
Pudera conseguir a paz
sem palavras,
lógica,
ou mesmo razão.
Pudera conseguir a calma
apenas com um toque de mão,
um olhar ou um sorriso.
Gostava que fosse simples,
que fosse fácil,
destruir a energia do ódio
que um coração
destroçado alimenta,
e alimentar assim
tal coração
com a razão.
Mas se o fizer

ROWAN KNIGHT

serei amado,
e temo ser amado
por quem ainda não me amou.
Temo essa razão
e, por temer a razão
contrária à confusão,
confundo os que me amam.
Na raiva de se perderem
de algo que conheceram,
para entrar num desconhecido,
me temem,
me agridem;
e permito tal agressão.
Tudo o que posso
é mante-los em minha mão
enquanto abro meu coração,
no qual jamais entrarão.

Poema 102 - Quem Não Me Sente.

Me sinto confuso
       por sentir
quem não me sente
e a mim mente.
Me sinto perdido
por gostar
de quem de mim não gosta,
mas sobre tal me mente.
Me sinto sem verdade,
porque creio me enganar
em minhas ilusões
sem comparação
ou qualquer prova
e sentido.
Não entendo
porque sou assim,
nem tampouco
porque amo assim,
ou porque tais pessoas vêm até mim.
Para mostrar o que não quero
ou me fazer ver o que desejo?
Para me ajudar a desenvolver
ou me fazer aprender
sobre quem não quero ser?
Talvez tudo isto venha de mim
e do que mais me convém.

ROWAN KNIGHT

Amo quem não me quer amar
e desejo quem não me deseja,
talvez para ficar
entre pensamentos
que me preenchem,
de recordações
e memórias
sobre os que em meu coração
escolheram não mais permanecer.

Poema 103 - O Que Você Assume.

Sempre que assume que estou sendo julgado,
   Estou te julgando.
Sempre que assume que está se escondendo,
Estou te observando.
Sempre que assume que está mentindo,
Estou te analisando.
Sempre que assume que está abandonando,
Estou te deixando.
Sempre que assume que está punindo,
Estou te enganando.
E quando se der conta dessas ilusões,
fruto de seus próprios enganos,
saberá que nunca estive em lugar algum,
pois nunca fui quem pensou que era,
mas apenas uma ilusão dos seus desejos.

Pedido de Revisão.

Caro leitor, Obrigado por adquirir este livro! Adoraria saber sua opinião. Escrever uma resenha de livro ajuda a entender os leitores e afeta as decisões de compra de outros leitores. Sua opinião importa. Por favor, escreva uma resenha! Sua gentileza é muito apreciada!

Lista de Livros.

Livros escritos pelo autor:
Agne: Na Mente de Uma Narcisista;
Desencanto: Poemas de Rowan Knight;
Destino: Quando Encontramos a Alma Gêmea;
Escravo: Cumprindo Uma Profecia;
Inumana: Cartas Para Uma Narcisista;
Profecia: Uma Mensagem Para a Humanidade;
Quimera: Quando Uma Ninfomaníaca Se Apaixona;
Uma Chance: 20 Histórias Curtas, Imprevisíveis e Com Uma Lição Moral.

About the Publisher

This book was published by 22Lions.com.
Follow us at Facebook.com/22lions

www.ingramcontent.com/pod-product-compliance
Lightning Source LLC
Chambersburg PA
CBHW020420010526
44118CB00010B/342